SPQR
OCEANUS BRITANNICUS
OCEANUS HIBERNICUS
OCEANUS GERMANICUS
OCEANUS VERGIVIUS
BRITANNIA SECUNDA
MAXIMA CÆSARIENSIS
FLAVIA CÆSARIENSIS
LONDINIUM
Portus Magnus
LONDON, PUBLISHED BY T. TEGG, CHEAPSIDE.

Terres Secrètes

Corpus Hermeticum

Les Hautes Terres

Scénario : Axel GONZALBO
Dessin & couleurs : Christophe PALMA

Soleil

À la mémoire de HPL.
Pour Nougat.
Un grand merci à Niko pour sa confiance.

Axel

À mes parents.
Une pensée toute particulière à ma nymphe Nath, à Patrice et ses remarques pertinentes, à nos lutins Alicia, Alex, Lisa, ma pierre précieuse Jade, ainsi qu'à toute la famille.
Merci à Violaine de la Fab pour ses conseils, et son professionnalisme.
Merci à Axel pour son coup de main à la couleur sur 16 planches.
Et un grand merci à Soleil, à Jean, pour m'avoir permis de faire cet album avec mon pote.

Chris

TERRES SECRÈTES

Le Syndrome de Caïn
Tome 1 Projet Cold Fusion
Tackian / Mutti

Le Syndrome de Caïn
Tome 2 Le Conseil des ombres
Tackian / Mutti

Corpus Hermeticum
Tome 1 Opération Gremikha
Tackian / Brion

Corpus Hermeticum
Tome 2 Les Hautes Terres
Gonzalbo / Palma

Une collection créée et dirigée par Jean Wacquet et Nicolas Tackian

Soleil Productions
15, Boulevard de Strasbourg
83000 Toulon - France

Bureaux parisiens
25, rue Titon - 75011 Paris - France

Lettrage : Nathalie MINICONI
Conception et réalisation graphique : Studio Soleil

Dépôt légal : Septembre 2007 - ISBN : 978 - 2 - 84946 - 855 - 5
Première édition

Impression : Lesaffre - Tournai - Belgique

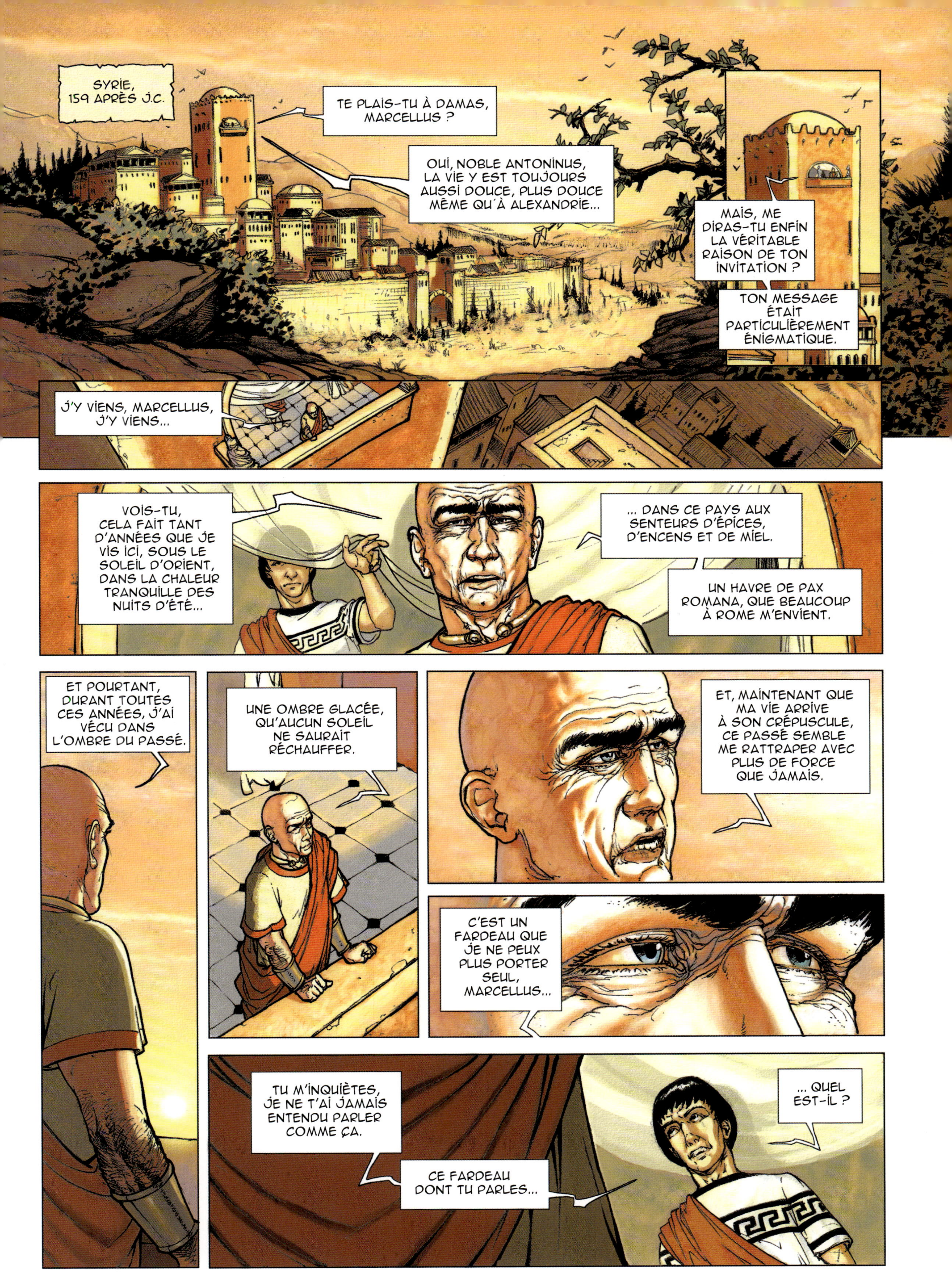
SYRIE, 159 APRÈS J.C.
TE PLAIS-TU À DAMAS, MARCELLUS ?
OUI, NOBLE ANTONINUS, LA VIE Y EST TOUJOURS AUSSI DOUCE, PLUS DOUCE MÊME QU'À ALEXANDRIE...
MAIS, ME DIRAS-TU ENFIN LA VÉRITABLE RAISON DE TON INVITATION ?
TON MESSAGE ÉTAIT PARTICULIÈREMENT ÉNIGMATIQUE.
J'Y VIENS, MARCELLUS, J'Y VIENS...
VOIS-TU, CELA FAIT TANT D'ANNÉES QUE JE VIS ICI, SOUS LE SOLEIL D'ORIENT, DANS LA CHALEUR TRANQUILLE DES NUITS D'ÉTÉ...
... DANS CE PAYS AUX SENTEURS D'ÉPICES, D'ENCENS ET DE MIEL.
UN HAVRE DE PAX ROMANA, QUE BEAUCOUP À ROME M'ENVIENT.
ET POURTANT, DURANT TOUTES CES ANNÉES, J'AI VÉCU DANS L'OMBRE DU PASSÉ.
UNE OMBRE GLACÉE, QU'AUCUN SOLEIL NE SAURAIT RÉCHAUFFER.
ET, MAINTENANT QUE MA VIE ARRIVE À SON CRÉPUSCULE, CE PASSÉ SEMBLE ME RATTRAPER AVEC PLUS DE FORCE QUE JAMAIS.
C'EST UN FARDEAU QUE JE NE PEUX PLUS PORTER SEUL, MARCELLUS...
TU M'INQUIÈTES, JE NE T'AI JAMAIS ENTENDU PARLER COMME ÇA.
CE FARDEAU DONT TU PARLES...
... QUEL EST-IL ?

TU N'AS PAS À T'INQUIÉTER POUR MOI, MON JEUNE AMI. MON DESTIN S'ACHÈVE.
MAIS IL EN VA AINSI POUR CHACUN ICI-BAS, À L'APPROCHE DE LA MORT.
CET IMPÉRIEUX BESOIN DE SE CONFIER, DE LIBÉRER ENFIN DES SECRETS QUE L'ON A GARDÉS ENFERMÉS TOUTE SA VIE.
COMPRENDS-TU ?
OUI.
MAIS, AVANT TOUTE CHOSE...
... CE QUE JE VAIS TE CONFIER...
... NULLE AUTRE OREILLE NE DEVRA L'ENTENDRE.
TU SAIS QUE TU PEUX AVOIR CONFIANCE EN MOI.
"L'ÉLÈVE NE TRAHIT PAS LE MAÎTRE", N'EST-CE PAS ?
C'EST UNE DE TES PREMIÈRES MAXIMES.
OUI...
JE NE DOUTAIS PAS DE TOI.
À CETTE ÉPOQUE, J'AVAIS TON ÂGE, MARCELLUS ; ET J'ÉTAIS COMME TOI, UN VRAI ROMAIN DE LA PLUS PURE TRADITION, AMBITIEUX ET PLEIN DE CONFIANCE. JE SERVAIS ROME ET ROME ÉTAIT TOUT.
J'AVAIS REJOINT LA VI^E LÉGION "VICTRIX" BASÉE EN BRITTONIE, CETTE PROVINCE DU BOUT DU MONDE.

BRITTONIE. HIVER 121 APRÈS J.C.
TCHAC
LE CORBEAU, C'EST PAS BON À BOUFFER...
C'EST PAS POUR LE BOUFFER QUE JE L'AI TUÉ.
JE VAIS LE CLOUER À L'ENTRÉE DU CAMP, TU VOIS ? IL PARAÎT QUE ÇA PRÉSERVE DE LA POISSE ET DU MAUVAIS ŒIL.
ON DIRAIT QUE T'AS LA TROUILLE, DEMETRIUS...
LA FERME.
CELA FAISAIT TROIS JOURS QUE NOUS AVIONS QUITTÉ LUGUVALUM À LA RECHERCHE DE DECIMUS VARO, LE LÉGAT.

... CELUI-CI AVAIT MYSTÉRIEUSEMENT DISPARU LORS D'UNE MISSION DIPLOMATIQUE DANS LE NORD DE LA PROVINCE. EN TANT QUE TRIBUN, J'AVAIS ÉTÉ DÉSIGNÉ POUR MENER L'EXPÉDITION...
... JE COMMANDAIS TROIS CENTURIES COMPOSÉES DE VÉTÉRANS. DES HOMMES AGUERRIS, DONT CERTAINS AVAIENT COMBATTU EN GERMANIE, D'AUTRES EN ESPAGNE ET QUI SE RETROUVAIENT À PRÉSENT DANS CE PAYS SOMBRE, TRISTE ET HOSTILE...
... ATTENDANT PATIEMMENT LA FIN DE LEUR 25E ANNÉE DE SERVICE.
NOUS AVIONS RETROUVÉ LA TRACE DE VARO À SELUNIA, UN VILLAGE CALÉDONIEN À LA LIMITE DES HAUTES TERRES. C'ÉTAIT SA DERNIÈRE ÉTAPE CONNUE.
ET PUIS, PLUS RIEN.
IL S'ÉTAIT COMME VOLATILISÉ. LES LOCAUX NE NOUS PORTAIENT PAS DANS LEUR CŒUR, ET IL AVAIT ÉTÉ IMPOSSIBLE D'EN TIRER DES INFORMATIONS UTILES.
MAIS, VARO AVAIT LAISSÉ QUELQUE CHOSE DERRIÈRE LUI.
UN ÉTRANGE MANUSCRIT.

JE N'AVAIS JAMAIS RIEN VU DE TEL.
C'ÉTAIT UN ENSEMBLE DE PARCHEMINS RÉDIGÉS EN DIVERSES LANGUES. JE DISCERNAIS DU GREC, DE L'ÉGYPTIEN ET AUSSI DIVERSES INSCRIPTIONS BARBARES QUI M'ÉTAIENT ÉTRANGÈRES.
D'ÉTRANGES PICTOGRAMMES ACCOMPAGNAIENT LES ÉCRITURES.
JE N'Y COMPRENAIS PAS GRAND-CHOSE MAIS CE QUE JE SAVAIS, C'ÉTAIT QUE JE CONTEMPLAIS LÀ UN SAVOIR TRÈS ANCIEN, SANS DOUTE AUSSI ANCIEN QUE L'HUMANITÉ ELLE-MÊME.
QUELQUE CHOSE D'UNIQUE, DE FASCINANT.
POURQUOI VARO AVAIT-IL LAISSÉ UN TEL OBJET DERRIÈRE LUI ?
IL N'Y AVAIT QUE DEUX RÉPONSES.
SOIT, IL AVAIT ÉTÉ BRUSQUEMENT ENLEVÉ...
... SOIT, IL L'AVAIT LAISSÉ LÀ, EN ÉVIDENCE, À L'ATTENTION DE QUELQU'UN, MAIS DE QUI ?
JE N'AVAIS JAMAIS TRÈS BIEN COMPRIS LE BUT DE SON EXPÉDITION.
AU NORD, IL Y AVAIT LES TRIBUS PICTES, HOSTILES ET FÉROCES, ET IL ÉTAIT PARTI AVEC UNE TRÈS FAIBLE ESCORTE. S'AVENTURER SI PRÈS D'EUX, SANS TROUPE, RELEVAIT DE L'INCONSCIENCE.
ALBION
ET POURTANT, JE CONNAISSAIS BIEN VARO...
... C'ÉTAIT UN HOMME D'EXPÉRIENCE...

À QUOI SONGES-TU, ANTONINUS ? C'EST ROME QUI TE MANQUE ?
OUI, JE SONGE AU PRINTEMPS, LÀ-BAS, CHEZ MOI, AUX OLIVIERS, À LA DOUCEUR DE L'AIR, AU SOLEIL.
AU MOINS, LÀ-BAS, IL EXISTE UN PRINTEMPS.
LE TEMPS D'ALLER CONTEMPLER TES OLIVIERS SOUS LE SOLEIL VIENDRA BIEN ASSEZ TÔT, MON JEUNE AMI. N'EST-CE PAS LÀ UNE EXPÉRIENCE EXALTANTE ?
JE DIRAIS QU'AVEC TOUS LES ENNUIS QUE NOUS AVONS AUX FRONTIÈRES, JE N'AI GUÈRE LE TEMPS DE M'EXTASIER SUR CE PAYS.
LES PICTES SE FONT DE PLUS EN PLUS MENAÇANTS.
OUI... LES PICTES.
IL FAUDRA BIEN FINIR PAR TROUVER UNE SOLUTION, ET ELLE NE PASSERA PAS PAR L'ARMÉE.
VOICI PLUS DE 150 ANS QUE NOUS SOMMES ARRIVÉS SUR CETTE ÎLE, ET, MALGRÉ PLUSIEURS CAMPAGNES VICTORIEUSES, RIEN N'A RÉELLEMENT CHANGÉ.
ILS SONT TOUJOURS LÀ.
LES PICTES PRÉFÉRERONT COMBATTRE JUSQU'À L'EXTERMINATION, PLUTÔT QUE D'ACCEPTER NOS LOIS.
C'EST UN PEUPLE ANCIEN, LIBRE, PLUS FIER QUE LES GAULOIS, PLUS FÉROCE QUE LES GERMAINS.

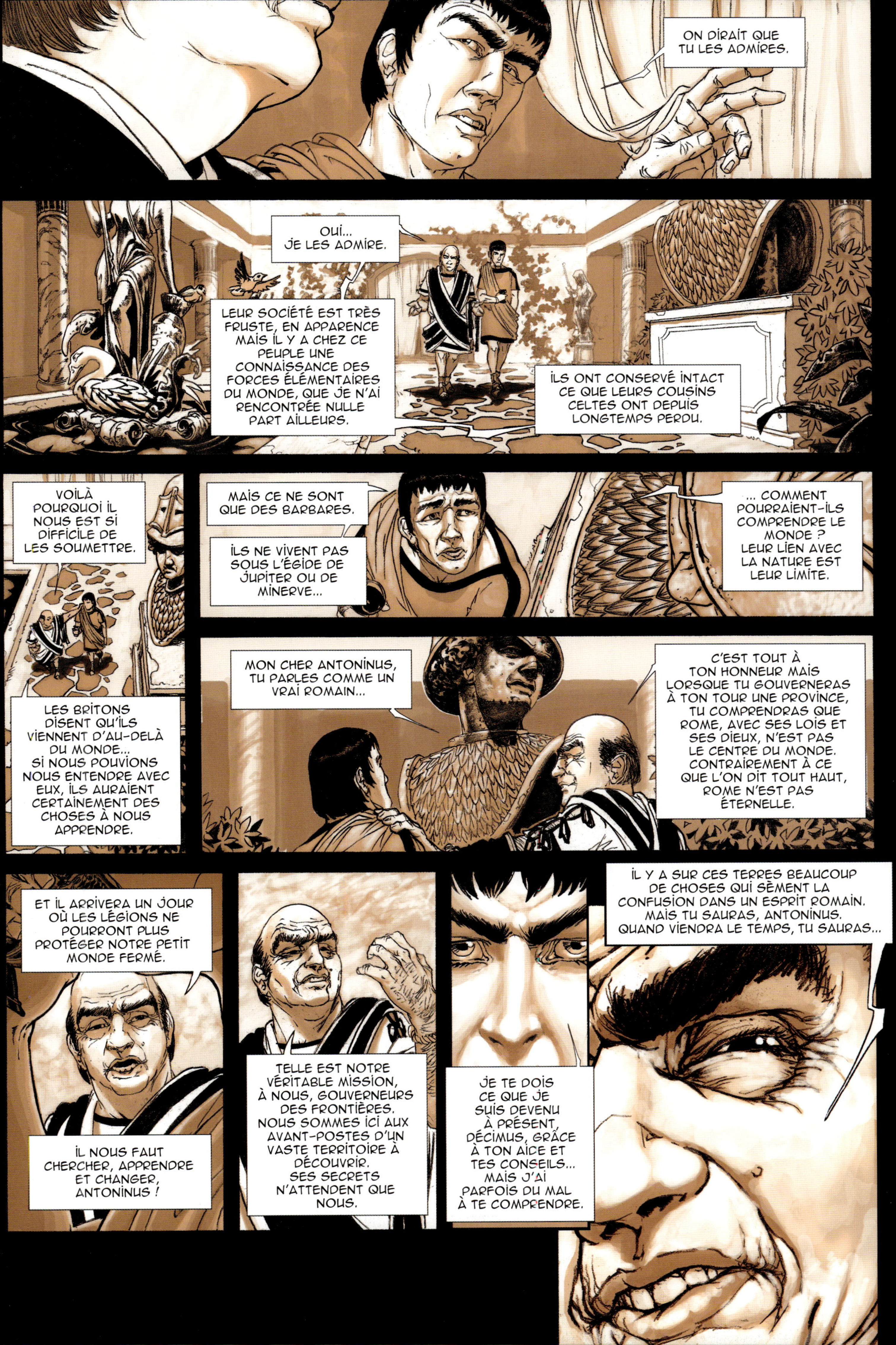
ON DIRAIT QUE TU LES ADMIRES.
OUI... JE LES ADMIRE.
LEUR SOCIÉTÉ EST TRÈS FRUSTE, EN APPARENCE MAIS IL Y A CHEZ CE PEUPLE UNE CONNAISSANCE DES FORCES ÉLÉMENTAIRES DU MONDE, QUE JE N'AI RENCONTRÉE NULLE PART AILLEURS.
ILS ONT CONSERVÉ INTACT CE QUE LEURS COUSINS CELTES ONT DEPUIS LONGTEMPS PERDU.
VOILÀ POURQUOI IL NOUS EST SI DIFFICILE DE LES SOUMETTRE.
LES BRITONS DISENT QU'ILS VIENNENT D'AU-DELÀ DU MONDE... SI NOUS POUVIONS NOUS ENTENDRE AVEC EUX, ILS AURAIENT CERTAINEMENT DES CHOSES À NOUS APPRENDRE.
MAIS CE NE SONT QUE DES BARBARES.
ILS NE VIVENT PAS SOUS L'ÉGIDE DE JUPITER OU DE MINERVE...
... COMMENT POURRAIENT-ILS COMPRENDRE LE MONDE ? LEUR LIEN AVEC LA NATURE EST LEUR LIMITE.
MON CHER ANTONINUS, TU PARLES COMME UN VRAI ROMAIN...
C'EST TOUT À TON HONNEUR MAIS LORSQUE TU GOUVERNERAS À TON TOUR UNE PROVINCE, TU COMPRENDRAS QUE ROME, AVEC SES LOIS ET SES DIEUX, N'EST PAS LE CENTRE DU MONDE. CONTRAIREMENT À CE QUE L'ON DIT TOUT HAUT, ROME N'EST PAS ÉTERNELLE.
ET IL ARRIVERA UN JOUR OÙ LES LÉGIONS NE POURRONT PLUS PROTÉGER NOTRE PETIT MONDE FERMÉ.
IL NOUS FAUT CHERCHER, APPRENDRE ET CHANGER, ANTONINUS !
TELLE EST NOTRE VÉRITABLE MISSION, À NOUS, GOUVERNEURS DES FRONTIÈRES. NOUS SOMMES ICI AUX AVANT-POSTES D'UN VASTE TERRITOIRE À DÉCOUVRIR. SES SECRETS N'ATTENDENT QUE NOUS.
JE TE DOIS CE QUE JE SUIS DEVENU À PRÉSENT, DÉCIMUS, GRÂCE À TON AIDE ET TES CONSEILS... MAIS J'AI PARFOIS DU MAL À TE COMPRENDRE.
IL Y A SUR CES TERRES BEAUCOUP DE CHOSES QUI SÈMENT LA CONFUSION DANS UN ESPRIT ROMAIN. MAIS TU SAURAS, ANTONINUS. QUAND VIENDRA LE TEMPS, TU SAURAS...

SIR ?
SIR ? LES ÉCLAIREURS SONT DE RETOUR.
BIEN, FAIT ENTRER, CAÏT.
SALUT À TOI, TRIBUN.
JE T'APPORTE UNE BONNE ET UNE MAUVAISE NOUVELLE.
SALUT ! ALORS, QU'AS-TU À M'ANNONCER, CAÏT, AS-TU TROUVÉ QUELQUE CHOSE ?
COMMENCE PAR LA BONNE.
NOUS AVONS TROUVÉ LA PISTE D'UN CHARIOT ET DE PLUSIEURS CAVALIERS. CELA SEMBLE CORRESPONDRE À L'ÉQUIPAGE DE L'HOMME QUE TU CHERCHES.

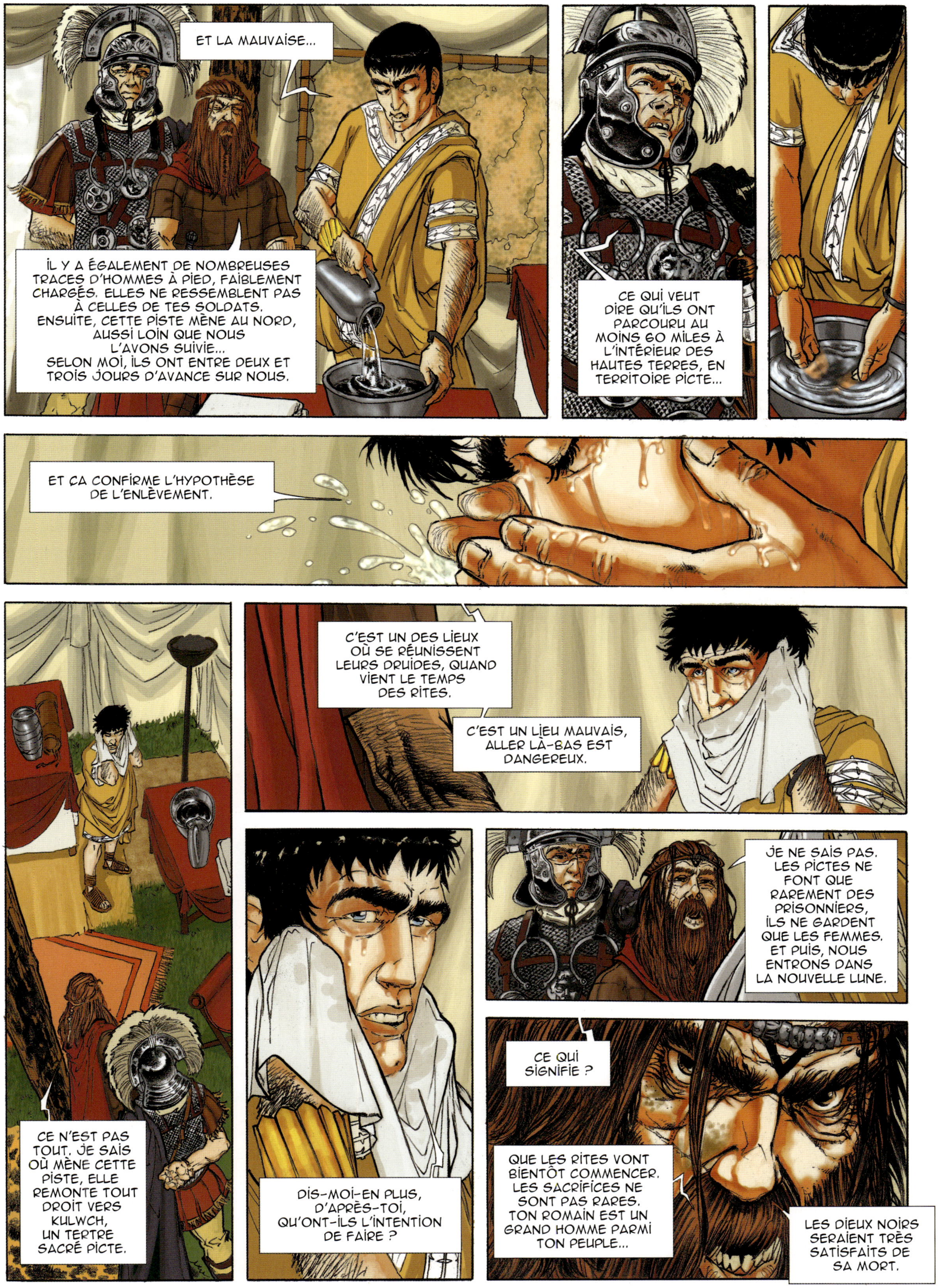
ET LA MAUVAISE...
IL Y A ÉGALEMENT DE NOMBREUSES TRACES D'HOMMES À PIED, FAIBLEMENT CHARGÉS. ELLES NE RESSEMBLENT PAS À CELLES DE TES SOLDATS. ENSUITE, CETTE PISTE MÈNE AU NORD, AUSSI LOIN QUE NOUS L'AVONS SUIVIE... SELON MOI, ILS ONT ENTRE DEUX ET TROIS JOURS D'AVANCE SUR NOUS.
CE QUI VEUT DIRE QU'ILS ONT PARCOURU AU MOINS 60 MILES À L'INTÉRIEUR DES HAUTES TERRES, EN TERRITOIRE PICTE...
ET ÇA CONFIRME L'HYPOTHÈSE DE L'ENLÈVEMENT.
CE N'EST PAS TOUT. JE SAIS OÙ MÈNE CETTE PISTE, ELLE REMONTE TOUT DROIT VERS KULWCH, UN TERTRE SACRÉ PICTE.
C'EST UN DES LIEUX OÙ SE RÉUNISSENT LEURS DRUIDES, QUAND VIENT LE TEMPS DES RITES.
C'EST UN LIEU MAUVAIS, ALLER LÀ-BAS EST DANGEREUX.
DIS-MOI-EN PLUS, D'APRÈS-TOI, QU'ONT-ILS L'INTENTION DE FAIRE ?
JE NE SAIS PAS. LES PICTES NE FONT QUE RAREMENT DES PRISONNIERS, ILS NE GARDENT QUE LES FEMMES. ET PUIS, NOUS ENTRONS DANS LA NOUVELLE LUNE.
CE QUI SIGNIFIE ?
QUE LES RITES VONT BIENTÔT COMMENCER. LES SACRIFICES NE SONT PAS RARES. TON ROMAIN EST UN GRAND HOMME PARMI TON PEUPLE...
LES DIEUX NOIRS SERAIENT TRÈS SATISFAITS DE SA MORT.

LES PICTES SONT NOMBREUX À SE RÉUNIR DANS CES LIEUX SACRÉS ?
SEULS LES DRUIDES ONT LE DROIT DE S'Y RENDRE.
CENTURION, QU'EN PENSES-TU ?
NOS HOMMES PEUVENT PARCOURIR CETTE DISTANCE EN UN JOUR ET DEMI, À MARCHE FORCÉE.
LE MORAL EST BON. MAIS JE NE SERAIS PAS CONTRE RETOURNER À EBURACUM CHERCHER DES RENFORTS.
LE TEMPS JOUE CONTRE NOUS.
SI NOUS VOULONS AVOIR UNE CHANCE DE TROUVER LE LÉGAT VIVANT, IL FAUT AGIR VITE. SONNE L'ORDRE DE LEVER LE CAMP. NOUS PARTONS SUR-LE-CHAMP.
À VOS ORDRES !
ROMAIN ! JE TE LE RÉPÈTE, ALLER LÀ-BAS EST TRÈS DANGEREUX ! TON HOMME EST SÛREMENT DÉJÀ MORT. SEUL UN FOU IRAIT PROFANER LE TERRITOIRE SACRÉ DES PICTES ! IL Y A LÀ-BAS DE TERRIBLES CHOSES, DONT TU N'AS MÊME PAS IDÉE !
RESTE À TA PLACE, BARBARE. TU PARLES À UN OFFICIER ROMAIN.
ET PUIS, JE SUPPOSE QUE NOUS N'AVONS PAS LE CHOIX.
GALLIA
GARDE TES HISTOIRES DE NOUVELLE LUNE ET DE "TERRIBLES CHOSES" POUR TES ENFANTS. L'ARMÉE ROMAINE N'A QUE FAIRE DE CES CHOSES-LÀ.
ORCADES

JE SAVAIS QUE JE PRENAIS UN GRAND RISQUE EN M'ENFONÇANT DANS LES HAUTES TERRES AVEC SI PEU D'HOMMES.
... MAIS QUELQUE CHOSE, AU PLUS PROFOND DE MOI-MÊME ME COMMANDAIT DE CONTINUER... C'ÉTAIT PLUS FORT QUE MOI.
NOUS PROGRESSIONS DIFFICILEMENT DANS CE PAYSAGE DE TOURBES ET DE VALLONS. LES PAS DES HOMMES SE FAISAIENT LOURDS.
BLOORF
FOUTU PAYS, IL N'ARRÊTE JAMAIS DE PLEUVOIR !
TU N'ES PAS PAYÉ POUR TE PLAINDRE, LÉGIONNAIRE...
... MAIS POUR AVANCER... ALORS, AVANCE !

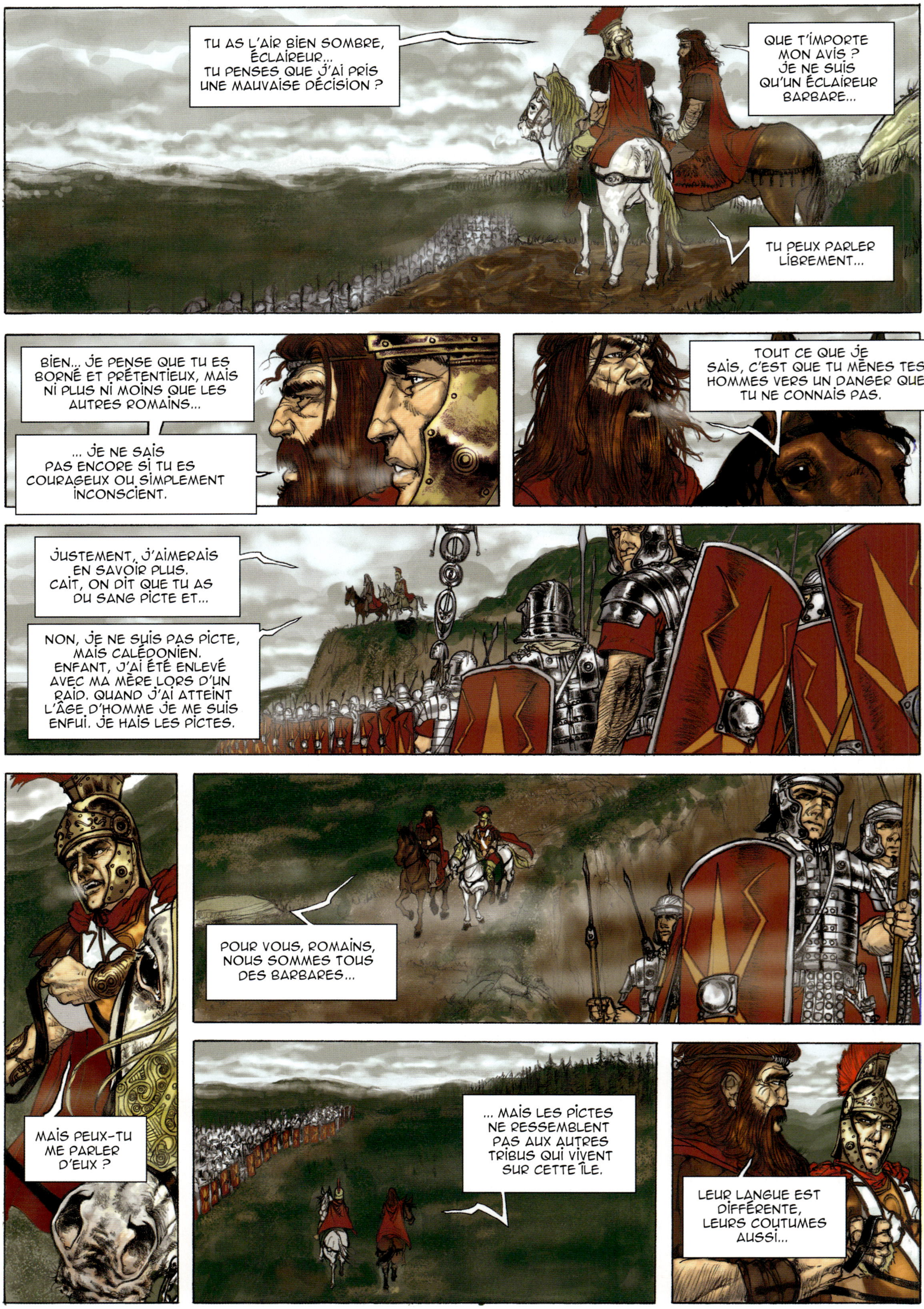
TU AS L'AIR BIEN SOMBRE, ÉCLAIREUR... TU PENSES QUE J'AI PRIS UNE MAUVAISE DÉCISION ?
QUE T'IMPORTE MON AVIS ? JE NE SUIS QU'UN ÉCLAIREUR BARBARE...
TU PEUX PARLER LIBREMENT...
BIEN... JE PENSE QUE TU ES BORNÉ ET PRÉTENTIEUX, MAIS NI PLUS NI MOINS QUE LES AUTRES ROMAINS...
... JE NE SAIS PAS ENCORE SI TU ES COURAGEUX OU SIMPLEMENT INCONSCIENT.
TOUT CE QUE JE SAIS, C'EST QUE TU MÈNES TES HOMMES VERS UN DANGER QUE TU NE CONNAIS PAS.
JUSTEMENT, J'AIMERAIS EN SAVOIR PLUS. CAIT, ON DIT QUE TU AS DU SANG PICTE ET...
NON, JE NE SUIS PAS PICTE, MAIS CALÉDONIEN. ENFANT, J'AI ÉTÉ ENLEVÉ AVEC MA MÈRE LORS D'UN RAID. QUAND J'AI ATTEINT L'ÂGE D'HOMME JE ME SUIS ENFUI. JE HAIS LES PICTES.
POUR VOUS, ROMAINS, NOUS SOMMES TOUS DES BARBARES...
MAIS PEUX-TU ME PARLER D'EUX ?
... MAIS LES PICTES NE RESSEMBLENT PAS AUX AUTRES TRIBUS QUI VIVENT SUR CETTE ÎLE.
LEUR LANGUE EST DIFFÉRENTE, LEURS COUTUMES AUSSI...

... JE NE CONNAIS PAS L'ORIGINE DE CE PEUPLE. LES VIEUX DISENT QUE DE MÉMOIRE D'HOMME, ILS ONT TOUJOURS ÉTÉ LÀ. AUSSI VIEUX QUE LA TERRE ELLE-MÊME...
LES PICTES DISENT D'EUX-MÊMES QU'ILS SONT NÉS DE L'UNION DES ARBRES ET DU LIMON. LEURS DIEUX SONT CRUELS ET TERRIFIANTS POUR QUI NE LES CONNAÎT PAS. ILS VIVENT DANS LES GRANDES FORÊTS AVEC EUX, ET LES PROTÈGENT DES ÉTRANGERS.
LEURS DRUIDES SONT TRÈS PUISSANTS ET ONT UN SAVOIR PLUS ANCIEN QUE LE NÔTRE. ON RACONTE QU'ILS ONT LE POUVOIR DE PRENDRE LA FORME DE LEUR ANIMAL-TOTEM. MAIS JE NE L'AI JAMAIS VU DE MES YEUX.
LES PICTES VÉNÈRENT LES ARBRES ET VIVENT EN COMMUNION AVEC LA FORÊT DONT ILS CONNAISSENT TOUS LES SECRETS. ILS N'EN SORTENT PRESQUE JAMAIS, SAUF QUAND ILS ORGANISENT DES RAIDS POUR CAPTURER DES VICTIMES, POUR LES SACRIFICES OU POUR EN FAIRE DES ESCLAVES, COMME MOI...
PALMA 2007

C'EST UN PEUPLE SAUVAGE, BRUTAL, QUI REFUSE TOUT CONTACT AVEC LES AUTRES PEUPLES DE L'ÎLE, QU'ILS CONSIDÈRENT COMME FAIBLES ET IMPURS.
IMPURS ?
OUI, CAR ILS ONT DEPUIS LONGTEMPS QUITTÉ LA FORÊT, ET PERDU LE LIEN AVEC SES SECRETS.
HUM, QUE PENSENT-ILS DES ROMAINS ?
ILS VOUS APPELLENT LES HOMMES DE FER. ILS NE VOUS CRAIGNENT PAS. DU MOINS, TANT QU'ILS SONT SUR LEUR TERRITOIRE. ICI, ILS NE CRAIGNENT PERSONNE.
PENSES-TU QUE NOUS POURRONS BÉNÉFICIER DE L'EFFET DE SURPRISE ?
NE T'INQUIÈTE PAS POUR ÇA, ROMAIN...
... ILS SAVENT DÉJÀ QUE NOUS SOMMES LÀ...
ALLEZ, MESDEMOISELLES !
BOUGEZ-VOUS ! TRANSPIREZ ! JE VEUX VOIR CE CAMP MONTÉ AVANT LA NUIT !

PFFF... ET ON EST PAYÉS UNE MISÈRE POUR ÇA...
ACTIVE-TOI, PLUTÔT QUE DE PARLER TOUT LE TEMPS, PLUS VITE ON AURA FINI CE BOULOT, PLUS VITE ON IRA SE PIEUTER.
HAN ! PAR MITRA, LES ARBRES D'ICI ONT DES TRONCS PLUS ROBUSTES QUE LA COQUE D'UNE GALÈRE...
TCHAC! TCHAC!
FL!
ÉCOUTEZ-MOI ÇA ! ON CROIRAIT ENTENDRE LE CENTURION !
T'ARRÊTES PAS DE TE PLAINDRE, DEPUIS QU'ON EST PARTIS. C'EST PAS PARCE QUE T'ARRIVES À LA...
OUAIS, EXACTEMENT ! J'ARRIVAIS TRANQUILLEMENT À LA QUILLE, TOUT ÉTAIT PEINARD ET IL A FALLU QU'ON ME COLLE CETTE MISSION...
TCHAC !
J'AI ASSEZ DONNÉ COMME ÇA. HAN !
ET D'AILLEURS, POURQUOI TU PRENDRAIS PAS LE RELAIS, HEIN ?
TIENS ! À TON...
... TOUR
QUINTUS ?
GROOAWL
MITRA...

"IL ÉTAIT TOUT, IL ÉTAIT LA VIE MÊME, IL EST LE COMMENCEMENT...
... ET SES FILS ET FILLES VONT LIBREMENT EN SON SEIN, NUS, SANS MOTS, SANS CRAINTES CAR LA TERRE EST SA MÈRE, LES ARBRES SES FRÈRES, ET L'EAU SON SANG...
... ET SON NOM EST LE NOM DE LA PEUR, POUR TOUS LES IMPURS QUI PROFANENT SON DOMAINE."
PLUS JE PARCOURAIS LES PARCHEMINS DE CET OUVRAGE, PLUS LES QUESTIONS SE BOUSCULAIENT.
CES DERNIÈRES PHRASES AVAIENT ÉTÉ TRADUITES PAR VARO LUI-MÊME. JE RECONNAISSAIS SON ÉCRITURE.
OÙ DONC VARO AVAIT-IL PU TROUVER UN TEL OUVRAGE ?
PENSAIT-IL Y DÉCOUVRIR QUELQUE CHOSE QUI PUISSE L'AIDER À VAINCRE LES BARBARES ?
OU BIEN VOULAIT-IL APPRENDRE DES CHOSES D'EUX ?
JE ME SENTAIS FIÉVREUX, JE MANQUAIS DE SOMMEIL ET POURTANT...
... JE NE POUVAIS DÉCROCHER MON REGARD DE CES PARCHEMINS.
UNE CHOSE ÉTAIT SÛRE, LA LECTURE PROLONGÉE D'UNE ŒUVRE PAREILLE NE POUVAIT QUE SEMER LA CONFUSION...
... ET LE CHAOS DANS UN ESPRIT SAIN ET DISCIPLINÉ.
JE COMMENÇAIS À M'INQUIÉTER POUR LA SANTÉ MENTALE DE MON MENTOR ET AMI.
SPLASH

SIR ?
OUI, CENTURION ?
SIR, NOUS SOMMES SANS NOUVELLES DE DEUX DE NOS HOMMES. ILS AVAIENT REÇU L'ORDRE D'ALLER COUPER DU BOIS ET NE SONT PAS REVENUS.
PENSEZ-VOUS À UNE DÉSERTION ?
À VRAI DIRE, L'UN DE CES HOMMES ÉTAIT UN RÂLEUR...
... MAIS DE LÀ À DÉSERTER, JE N'Y CROIS PAS.
BIEN, ENVOYEZ UNE PATROUILLE AVEC UN ÉCLAIREUR. DONNEZ L'ORDRE DE CHERCHER AUX ALENTOURS. MAIS, CENTURION...
SIR ?
... QU'ILS NE S'ATTARDENT PAS.

MERDE.
SÉPARONS-NOUS EN DEUX GROUPES. VOUS QUATRE PAR LE NORD, LES AUTRES AVEC MOI. ON SE RETROUVE ICI.
CRAC!

RATTRAPEZ-LES !
HUUNGG...
CHTOC
VLAM!
PRENDS CA !

VOYONS UN PEU À QUOI TU RESSEMBLES...
!!??... UNE FEMME ?
MAINTENANT, JE VEUX SAVOIR CE QUI EST ARRIVÉ À MES HOMMES.
DIS-LUI QUE NOUS NE LUI FERONS PAS DE MAL SI ELLE COOPÈRE.
ELLE NE LE FERA JAMAIS. C'EST UNE GUERRIÈRE. ELLE NE DIRA RIEN.

SIR, JE...
DIS-LUI.
SCHLOF!
FINIE, LA COMÉDIE !
TU VAS PARLER, CATIN, OU JE TE DÉMOLIS !
TU VEUX JOUER À CE PETIT JEU ? EH BIEN ON VA Y JOUER TOUS LES DEUX !
ÇA SUFFIT. LAISSE-LA !
??
...
JE SUIS FATIGUÉ, CAIT, TU CONTINUES À LUI PARLER. S'IL Y A DU NOUVEAU, VIENS ME VOIR. QUELLE RESTE SOUS BONNE GARDE.

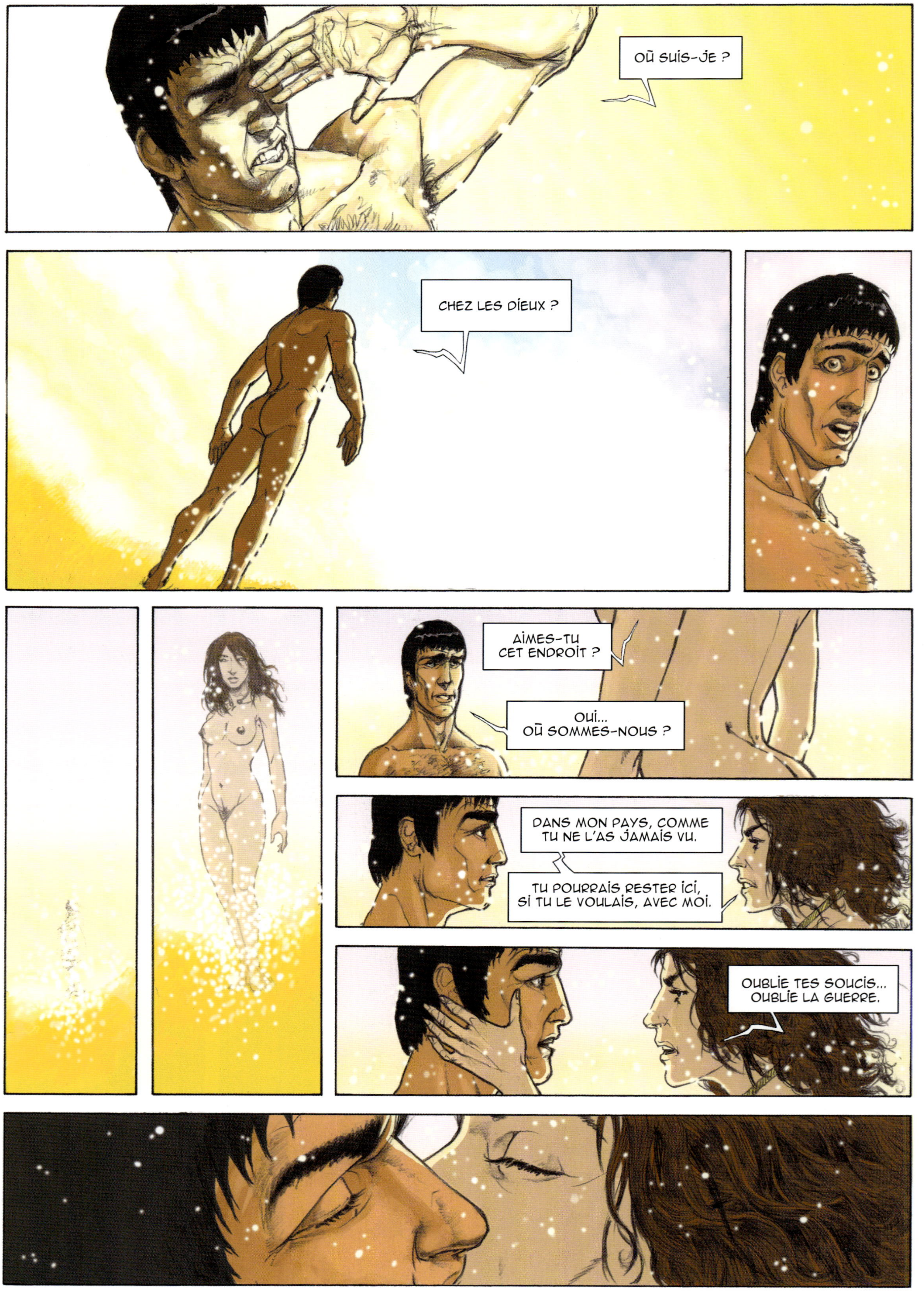
OÙ SUIS-JE ?
CHEZ LES DIEUX ?
AIMES-TU CET ENDROIT ?
OUI... OÙ SOMMES-NOUS ?
DANS MON PAYS, COMME TU NE L'AS JAMAIS VU.
TU POURRAIS RESTER ICI, SI TU LE VOULAIS, AVEC MOI.
OUBLIE TES SOUCIS... OUBLIE LA GUERRE.

POURQUOI...
POURQUOI AS-TU FAIT CELA ?
NON...
TU ES COMME LES AUTRES !
JE NE VOULAIS PAS !
TU NE MÉRITES PAS D'ÊTRE ICI !

FUIR.
NON, PITIÉ ! NON !
NOOOOONNN !!

ÇA VA, TOUT VA BIEN.
TU AS LE SOMMEIL AGITÉ, ON DIRAIT.
OUI... UNE SORTE DE CAUCHEMAR. QUE VOULAIS-TU ?
JUSTE TE DIRE QUE JE N'AI RIEN PU TIRER DE LA PRISONNIÈRE. ELLE...
COMMENT VA-T-ELLE ?
?
EH BIEN, ELLE S'EST ÉVANOUIE, DE FATIGUE, SÛREMENT. MAIS ELLE VA BIEN.
LAISSE-MOI, À PRÉSENT.

!!??
ALERTE ! ALERTE !
TOUS DES BARBARES... EXÉCUTONS LA PRISONNIÈRE ET RENDONS-LEUR LA PAREILLE !
NON, CENTURION. FAIS-LA VENIR ICI, JE VEUX L'INTERROGER ENCORE UNE FOIS.
MAIS, SIR...
ET ENVOIE DES HOMMES DÉTACHER LE CORPS.

TU ME DIS CE QUI SE PASSE ICI OU TU SUBIRAS LE MÊME CHÂTIMENT !
PARLE !

MEURS !
AAAA

AU FUR ET À MESURE QUE NOUS APPROCHIONS DU BUT, LE PAYSAGE DEVENAIT PLUS LUGUBRE. JAMAIS, AUPARAVANT, JE N'AVAIS TRAVERSÉ DE CONTRÉE AUSSI HOSTILE.
TOUT SEMBLAIT ÊTRE EMPREINT D'UNE AURA MENAÇANTE.
BRRRRAAAAOOOOOUUUUMMMMMMMMMMMMM
MÊME LES ÉLÉMENTS SE LIGUAIENT CONTRE NOUS.
MES SOLDATS RESSEMBLAIENT À DES FANTÔMES ERRANTS DANS LES PROFONDEURS DU TARTARE. PEUT-ÊTRE ÉTIONS-NOUS DÉJÀ MORTS.
MOI, QUI NE CROYAIS PLUS AUX DIEUX, JE PRIAIS.
MARS, MITHRA, JUPITER, J'EN APPELLE À VOUS...

VEILLEZ SUR MES HOMMES, GUIDEZ-MOI !
L'ORAGE DISPARUT AUSSI RAPIDEMENT QU'IL ÉTAIT VENU. IL LAISSA PLACE À UN CRÉPUSCULE MORBIDE.
EST-CE ENCORE LOIN ?
NOUS Y SOMMES. DERRIÈRE CETTE CRÊTE.

VOILÀ KULCH, LE TERTRE SACRÉ. TU VOIS CES LUMIÈRES AU SOMMET ? C'EST LÀ QUE LES DRUIDES SE RÉUNISSENT.
QUE FONT-ILS ?
ILS PRÉPARENT LA CÉRÉMONIE DE LA LUNE. ELLE COMMENCERA À LA NUIT TOMBÉE.
RESTE À SAVOIR SI VARO EST BIEN LÀ, ET VIVANT...
IL TE FAUT Y ALLER POUR SAVOIR.
ET TU VIENDRAS AVEC NOUS...
MA MISSION CONSISTAIT À RETROUVER LA PISTE DE TON HOMME, PAS À...
TA MISSION CONSISTE À NOUS AIDER À LE RETROUVER, ET ELLE N'EST PAS TERMINÉE !
BIEN, JE VAIS FAIRE MONTER LE CAMP ET LAISSER MES HOMMES PRENDRE UN PEU DE REPOS. NOUS IRONS À LA NUIT.

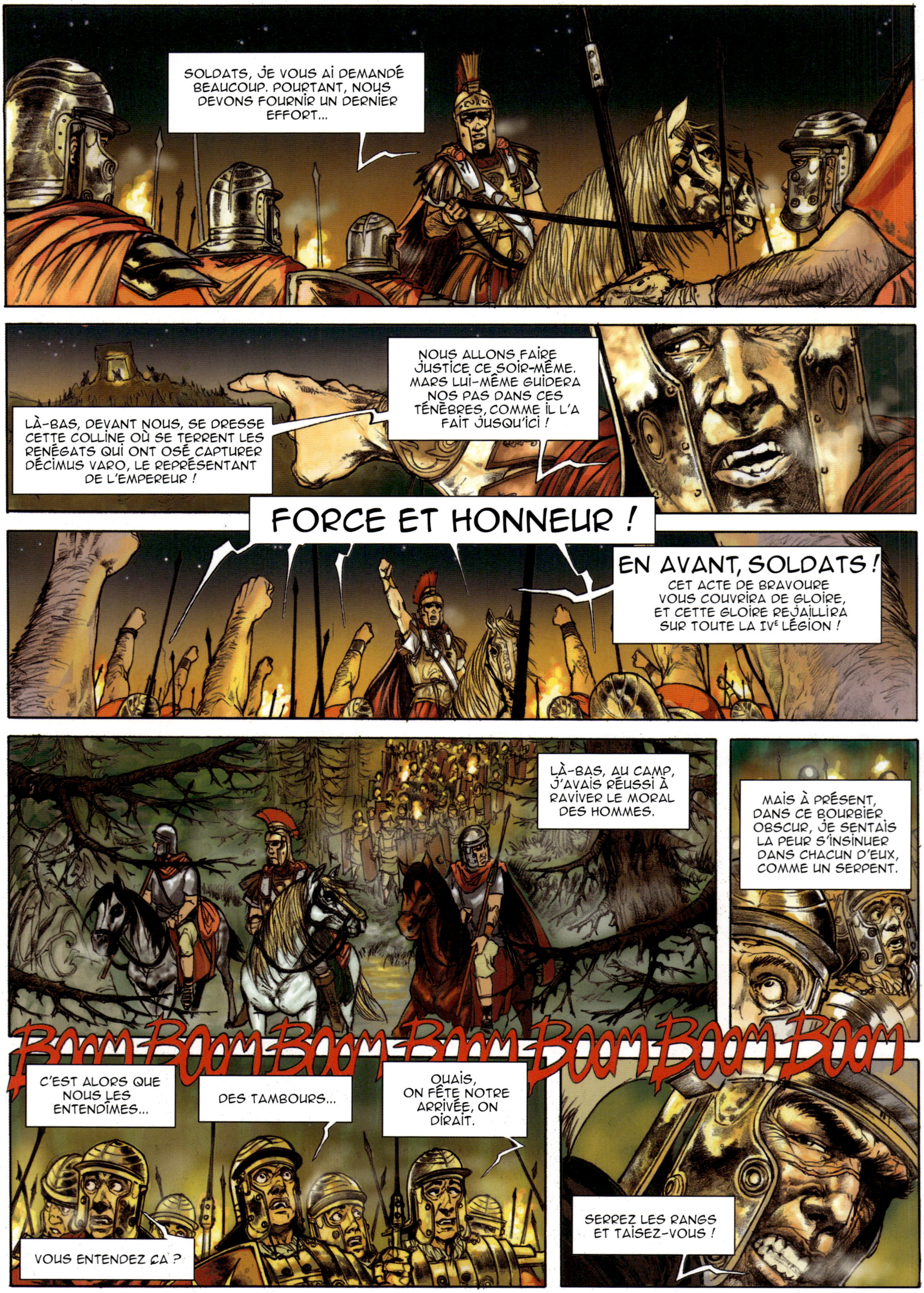
SOLDATS, JE VOUS AI DEMANDÉ BEAUCOUP. POURTANT, NOUS DEVONS FOURNIR UN DERNIER EFFORT...
LÀ-BAS, DEVANT NOUS, SE DRESSE CETTE COLLINE OÙ SE TERRENT LES RENÉGATS QUI ONT OSÉ CAPTURER DÉCIMUS VARO, LE REPRÉSENTANT DE L'EMPEREUR !
NOUS ALLONS FAIRE JUSTICE CE SOIR-MÊME. MARS LUI-MÊME GUIDERA NOS PAS DANS CES TÉNÈBRES, COMME IL L'A FAIT JUSQU'ICI !
FORCE ET HONNEUR !
EN AVANT, SOLDATS ! CET ACTE DE BRAVOURE VOUS COUVRIRA DE GLOIRE, ET CETTE GLOIRE REJAILLIRA SUR TOUTE LA IVe LÉGION !
LÀ-BAS, AU CAMP, J'AVAIS RÉUSSI À RAVIVER LE MORAL DES HOMMES.
MAIS À PRÉSENT, DANS CE BOURBIER OBSCUR, JE SENTAIS LA PEUR S'INSINUER DANS CHACUN D'EUX, COMME UN SERPENT.
BOOM BOOM BOOM BOOM BOOM BOOM BOOM
C'EST ALORS QUE NOUS LES ENTENDÎMES...
VOUS ENTENDEZ ÇA ?
DES TAMBOURS...
OUAIS, ON FÊTE NOTRE ARRIVÉE, ON DIRAIT.
SERREZ LES RANGS ET TAISEZ-VOUS !

JE NE POUVAIS PAS CROIRE CE QUE JE VOYAIS...
SI JE NE SUIS PAS REDESCENDU D'ICI TRENTE MINUTES, DONNE L'ASSAUT.
À VOS ORDRES !

ANTONINUS, MON AMI, ENFIN TE VOICI...
RESTEZ EN RETRAIT.
JE CONSTATE AVEC JOIE QUE TU AS SU ME RETROUVER. J'ESPÈRE QUE TU AS FAIT BONNE LECTURE.
DIS-MOI QUE JE RÊVE OU QUE JE FAIS UN CAUCHEMAR ! PEUX-TU M'EXPLIQUER CE QUI SE PASSE ?
LA RÉALITÉ N'EST-ELLE PAS UNE PLUS GRANDE ILLUSION QUE LE RÊVE ?

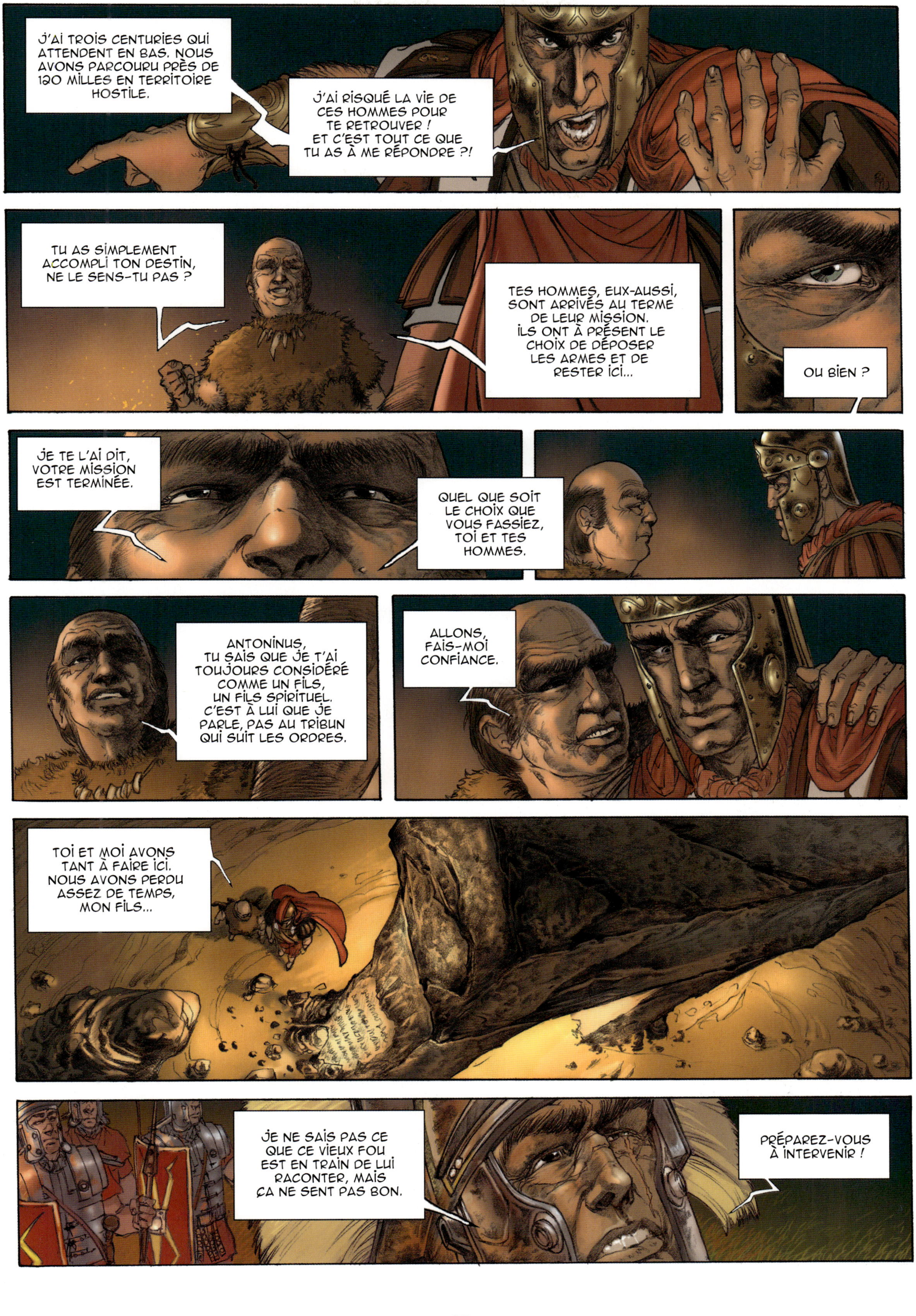
J'AI TROIS CENTURIES QUI ATTENDENT EN BAS. NOUS AVONS PARCOURU PRÈS DE 120 MILLES EN TERRITOIRE HOSTILE.
J'AI RISQUÉ LA VIE DE CES HOMMES POUR TE RETROUVER ! ET C'EST TOUT CE QUE TU AS À ME RÉPONDRE ?!
TU AS SIMPLEMENT ACCOMPLI TON DESTIN, NE LE SENS-TU PAS ?
TES HOMMES, EUX-AUSSI, SONT ARRIVÉS AU TERME DE LEUR MISSION. ILS ONT À PRÉSENT LE CHOIX DE DÉPOSER LES ARMES ET DE RESTER ICI...
OU BIEN ?
JE TE L'AI DIT, VOTRE MISSION EST TERMINÉE.
QUEL QUE SOIT LE CHOIX QUE VOUS FASSIEZ, TOI ET TES HOMMES.
ANTONINUS, TU SAIS QUE JE T'AI TOUJOURS CONSIDÉRÉ COMME UN FILS, UN FILS SPIRITUEL. C'EST À LUI QUE JE PARLE, PAS AU TRIBUN QUI SUIT LES ORDRES.
ALLONS, FAIS-MOI CONFIANCE.
TOI ET MOI AVONS TANT À FAIRE ICI. NOUS AVONS PERDU ASSEZ DE TEMPS, MON FILS...
JE NE SAIS PAS CE QUE CE VIEUX FOU EST EN TRAIN DE LUI RACONTER, MAIS ÇA NE SENT PAS BON.
PRÉPAREZ-VOUS À INTERVENIR !

TU AS LU LE LIVRE, N'EST-CE PAS ?
CE QUE TU AS PU COMMENCER À APPRENDRE DANS CE LIVRE N'EST QU'UN DÉBUT...
ICI, SE TROUVENT LES RÉPONSES À TOUTES LES QUESTIONS.
ICI, LES MOTS ET LES SONS PRENNENT VIE.
IL EXISTE UNE AUTRE RÉALITÉ, ANTONINUS. PLUS VIEILLE QUE LA FONDATION DE ROME, ET QUI DURERA ENCORE LORSQUE CELLE-CI NE SERA PLUS QUE RUINES OUBLIÉES DANS LA MÉMOIRE DES HOMMES.
LES FORCES QUI ONT FORGÉ CE MONDE SONT TOUJOURS À L'ŒUVRE, CACHÉES DANS LES MÉANDRES DU MONDE.
CEUX QUI SAVENT PEUVENT LES CONTEMPLER LIBREMENT.
ET, À QUOI RESSEMBLENT-ELLES, EST-CE QUE CE SONT DES DIEUX ?
LES DIEUX QUE NOUS HONORONS NE SONT QUE DE LOINTAINS REFLETS DE CES PUISSANCES, DES AVATARS DESTITUÉS DE LEURS POUVOIRS PAR NOUS, LES HOMMES INFIDÈLES.
LES HOMMES ONT OUBLIÉ OÙ ÉTAIT LEUR PLACE. NOUS AVONS CORROMPU LA PURETÉ, NOUS AVONS CHASSÉ LES GRANDS ANCIENS ET AVONS VOULU LES REMPLACER. NOUS, LES ROMAINS, PLUS QUE TOUT AUTRES ! PAUVRES FOUS !
TÔT OU TARD, NOUS SERONS PUNIS. ILS REVIENDRONT NOUS CHÂTIER POUR NOTRE ORGUEIL ET REPRENDRONT LE POUVOIR.
MAIS IL EST TOUJOURS TEMPS DE REVENIR À LA SOURCE, COMME TU L'AS FAIT AUJOURD'HUI, ANTONINUS, ET COMME JE L'AI FAIT AVANT TOI.
IL EST TOUJOURS TEMPS DE SE RACHETER EN AIDANT À LEUR RETOUR.
BIENTÔT, AVEC TON AIDE, D'AUTRES NOUS REJOINDRONT, ET LORSQUE LE CHAOS VIENDRA PURIFIER LA TERRE, NOUS, LES CHOISIS, SERONS LE FERMENT D'UNE NOUVELLE HUMANITÉ QUI S'ÉPANOUIERA SOUS L'ÉGIDE DES VÉRITABLES MAÎTRES DE CE MONDE.

MON AMI AVAIT MANIFESTEMENT PERDU LA RAISON, MAIS JE NE POUVAIS PAS LE LAISSER ICI.
IL ME FALLAIT AGIR.
SOLDATS, EMMENEZ CET HOMME, NOUS REPARTONS !
NON ! ANTONINUS, NON...
... TU NE PEUX PAS FAIRE CELA !
L'ÉLÈVE NE TRAHIT PAS LE MAÎTRE ! TU AVAIS JURÉ !
J'AVAIS JURÉ AU NOM DE NOS DIEUX ! AU NOM DE ROME ! DE LA CIVILISATION !...
... PAS POUR CES CHIMÈRES DE FOU !
DIS À CES... SORCIERS...
... QU'AU MOINDRE GESTE, ILS SONT MORTS. ALLONS-Y .

CENTURION, EN ORDRE DE MARCHE, NOUS REPARTONS !
AVEC PLAISIR, SIR !
TU AS FAIT L'ERREUR DE TA VIE, MON JEUNE AMI.
NOUS EN DISCUTERONS UNE FOIS ARRIVÉS AU CAMP.
AUCUN DE NOUS NE RESSORTIRA VIVANT D'ICI.
TAIS-TOI, PAR MITHRA, OU JE TE FAIS BAILLONNER !
ET VOILÀ, FIN DE LA MISSION, ON RENTRE CHEZ NOUS !
OUAIS... BEN MOI, JE DIS QU'ON EST PAS ENCORE RENTRÉS.
'Y EN A MARRE, DÉCIUS, C'EST DES TYPES COMME TOI QUI... UURRGLLL...!
CRRRT-T
NOUS SOMMES ATTAQUÉS !

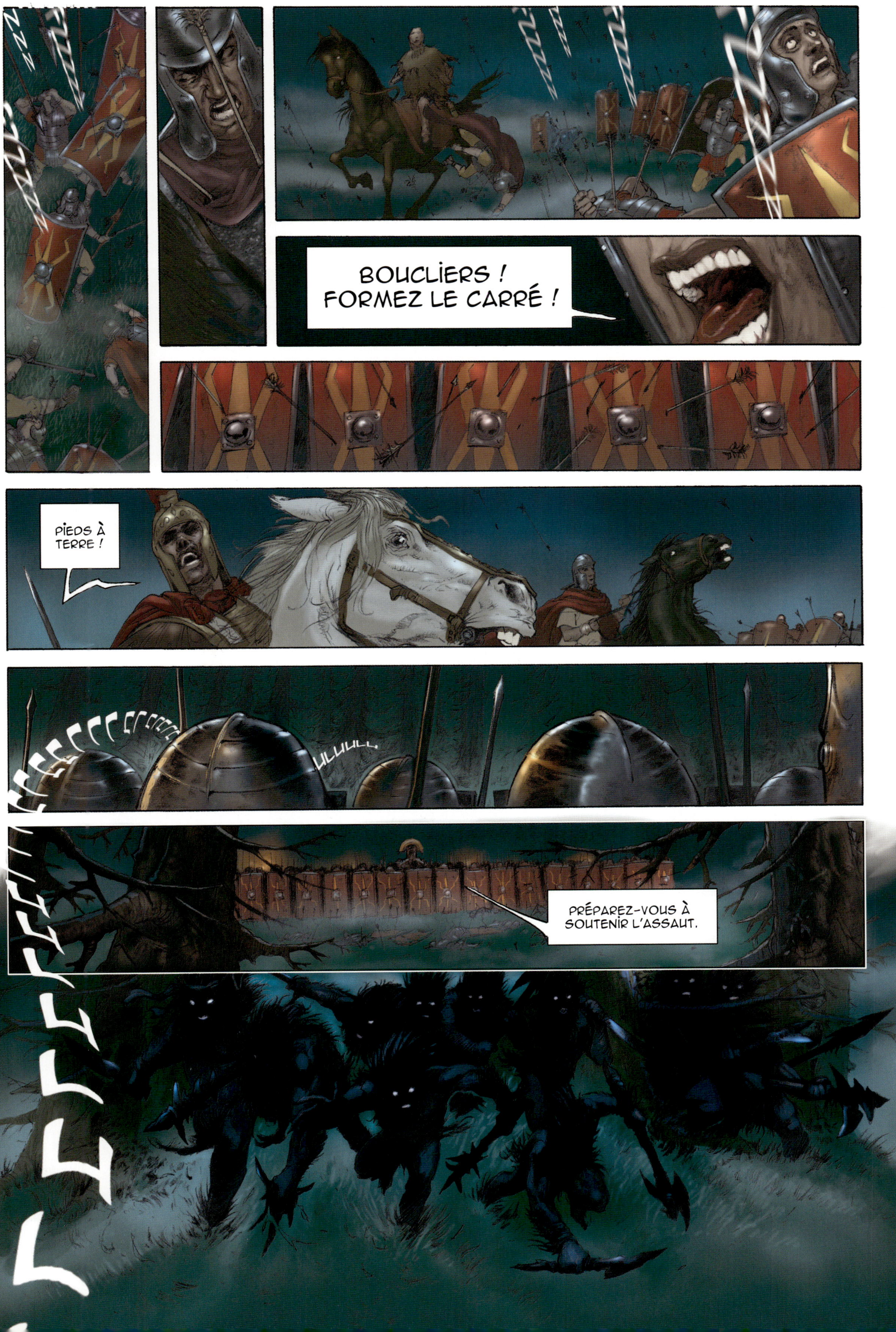
BOUCLIERS !
FORMEZ LE CARRÉ !
PIEDS À
TERRE !
PRÉPAREZ-VOUS À
SOUTENIR L'ASSAUT.

VIENS PAR ICI, MON JOLI !
ÇA FAIT LONGTEMPS QUE JE T'ATTENDS...
CRAACKK !
GROOAWLL !
JE SUIS MARCUS CASSIUS, VÉTÉRAN DE LA VIe LÉGION.
ET JE N'AI PAS PEUR DE TOI !

SERREZ LES RANGS ! PROTÉGEZ LE LÉGAT !
HUMPF !
TUUUULULULULULULULULULU
?!
TUUUUTTLLLTULULULULULULULULULULLLLLULUUUU
ILS S'ENFUIENT ! VICTOIRE !
REGARDEZ-LES ! PAR MITHRA, ILS DÉTALENT COMME DES LAPINS ! À UN CONTRE CINQ, LE FER ROMAIN A UNE NOUVELLE FOIS TRIOMPHÉ !
NON...
... NON... VOUS NE COMPRENEZ RIEN. CE N'EST PAS VOUS QU'ILS FUIENT...
IL ARRIVE !
QUI ?!

LE TOUT-EN-UN...
LE PÈRE DE TOUTE VIE...
KRAACK !
KRAACK !
KRRACKK !
... LE CHAOS QUI A UN NOM.
LE GRAND PAN !!

CE QUI SUIVIT NE FUT QUE CHAOS ET MASSACRE...
... CHÂTIMENT AVEUGLE D'UNE PUISSANCE RENDUE FURIEUSE PAR SON RÉVEIL...
SPROTCH !
... ET QUI N'A QUE FAIRE DU MONDE DES HOMMES ET DE LEUR MISÉRABLE VIE.
COMMENT JE RÉCHAPPAIS DE LÀ, JE NE M'EN SOUVIENS PLUS. J'AGRIPPAIS MON CHEVAL POUR NE PLUS LE LÂCHER.
J'AI CHEVAUCHÉ TROIS JOURS ET TROIS NUITS SANS JAMAIS ME RETOURNER, AVANT D'ATTEINDRE LE PREMIER POSTE FRONTIÈRE.

* EN 122 APRÈS J.C., L'EMPEREUR HADRIEN FIT CONSTRUIRE UNE LIGNE DÉFENSIVE LONGUE DE 120 KMS, CONNUE SOUS LE NOM DE "MUR D'HADRIEN". ELLE LONGE AU SUD LA FRONTIÈRE ACTUELLE ENTRE L'ANGLETERRE ET L'ÉCOSSE.

CELA SERA FAIT. J'EN FAIS LE SERMENT !
SOIS-EN REMERCIÉ... À PRÉSENT, LAISSE-MOI, JE TE PRIE...
... JE SUIS FATIGUÉ.
JE...
JE DOUTE QUE L'ON SE REVOIT, MON AMI. VA, À PRÉSENT.

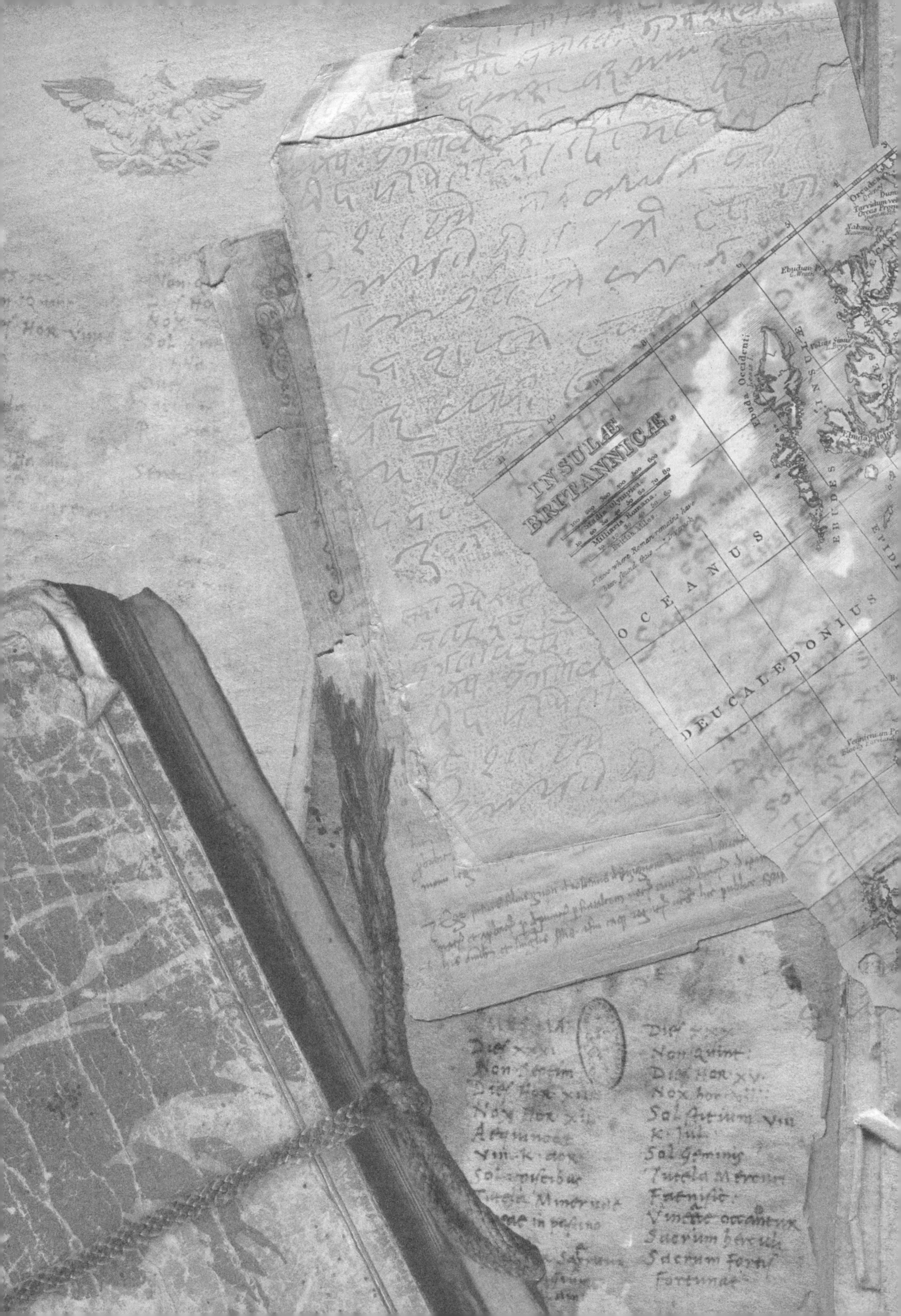
INSULÆ BRITANNICÆ.
OCEANUS DEUCALEDONIUS